DATE DUE

Cambios que suceden en la naturaleza

Cambios del estado del tiempo: las tormentas

Kelley MacAulay y Bobbie Kalman

Crabtree Publishing Company

www.crabtreebooks.com

Creado por Bobbie Kalman

Dedicado por Crystal Foxton

Para John, Ingrid, Jon, Roberta, Lisa, Albert, Christa, Katrina y Zach por su calidez y bondad

Editora en jefe
Bobbie Kalman

Equipo de redacción
Kelley MacAulay
Bobbie Kalman

Editora de contenido
Kathryn Smithyman

Editoras
Molly Aloian
Robin Johnson
Rebecca Sjonger

Diseño
Margaret Amy Salter
Katherine Kantor (portada)
Samantha Crabtree (contraportada)

Coordinación de producción
Heather Fitzpatrick

Investigación fotográfica
Crystal Foxton

Consultora
Dr. Richard Cheel, Profesor de Ciencias de
la Tierra, Brock University

Consultor lingüístico
Dr. Carlos García, M.D., Maestro bilingüe de Ciencias, Estudios Sociales y Matemáticas

Agradecimiento especial a
Steve Cruickshanks, Heather Fitzpatrick, David Kanters y FEMA

Ilustraciones
Katherine Kantor: páginas 11, 12

Fotografías
AP/Wide World Photos: página 17
© Holger Wulshlaeger. Imagen de BigStockPhoto.com: página 30 (parte superior)
Bruce Coleman Inc.: John Hoffman: página 19; Gary Withey: página 22
© CORBIS SYGMA: página 28
© FEMA: página 27 (parte inferior)
Dave Johnston/Index Stock: página 23 (parte superior)
Bobbie Kalman: página 31
Ted Kinsman/Photo Researchers, Inc.: página 25 (parte superior)
© John Shaw: página 24
Visuals Unlimited: Kenneth Libbrecht: página 13 (copos de nieve);
  Gene & Karen Rhoden: páginas 14, 20
Otras imágenes de Corel, Digital Stock, Digital Vision, Photodisc, y Weatherstock

Traducción
Servicios de traducción al español y de composición de textos suministrados
  por translations.com

Library and Archives Canada Cataloguing in Publication

MacAulay, Kelley
   Cambios del estado del tiempo : las tormentas / Kelley MacAulay &
Bobbie Kalman.

(Cambios que suceden en la naturaleza)
Includes index.
Translation of Changing weather : storms.
ISBN-13: 978-0-7787-8376-3 (bound)
ISBN-13: 978-0-7787-8390-9 (pbk.)
ISBN-10: 0-7787-8376-6 (bound)
ISBN-10: 0-7787-8390-1 (pbk.)

   1. Storms--Juvenile literature. I. Kalman, Bobbie, 1947- II. Title.
III. Series.

QC941.3.M3318 2006   j551.55   C2006-904552-6

Library of Congress Cataloging-in-Publication Data

MacAulay, Kelley.
   [Changing weather. Spanish]
   Cambios del estado del tiempo : las tormentas / written by Kelly MacAulay
& Bobbie Kalman.
      p. cm. -- (Cambios que suceden en la naturaleza)
   Includes index.
   ISBN-13: 978-0-7787-8376-3 (rlb)
   ISBN-10: 0-7787-8376-6 (rlb)
   ISBN-13: 978-0-7787-8390-9 (pb)
   ISBN-10: 0-7787-8390-1 (pb)
   1. Storms--Juvenile literature. I. Kalman, Bobbie. II. Title. III.
Series.

QC941.3.M3318 2006
551.55--dc22
                                                              2006025116

Crabtree Publishing Company

www.crabtreebooks.com   1-800-387-7650

Publicado en Canadá
Crabtree Publishing
616 Welland Ave.,
St. Catharines, ON
L2M 5V6

Publicado en los Estados Unidos
Crabtree Publishing
PMB16A
350 Fifth Ave., Suite 3308
New York, NY 10118

Publicado en el Reino Unido
Crabtree Publishing
White Cross Mills
High Town, Lancaster
LA1 4XS

Publicado en Australia
Crabtree Publishing
386 Mt. Alexander Rd.
Ascot Vale (Melbourne)
VIC 3032

Contenido

¿Qué es el estado del tiempo?

Esta niña se ha preparado para el tiempo frío abrigándose.

¿Cuál va a ser el estado del tiempo hoy? ¿Va a hacer frío o calor? ¿Habrá sol o estará nublado? ¿Habrá viento o no? ¿Lloverá o nevará? ¡Queremos saberlo! Muchas personas escuchan el **pronóstico del tiempo** todas las mañanas para averiguar qué harán o qué ropa se pondrán ese día.

Estados del tiempo

El sol, las nubes, el viento y la **precipitación** forman parte del estado del tiempo. La precipitación es agua que cae desde las nubes. La lluvia, la nieve y el **granizo** son tipos de precipitación. El granizo está formado por bolitas de hielo.

La atmósfera

Los cambios del estado del tiempo tienen lugar en la **atmósfera**. La atmósfera es una amplia franja de aire que rodea la Tierra. La parte de la atmósfera en la que se produce el estado del tiempo se llama **troposfera** o **capa de nubes**. Se extiende desde la superficie de la Tierra hasta la región del cielo en la que se forman las nubes.

Tres cuartas partes de la superficie de la Tierra están cubiertas de agua. Esta foto de la Tierra se tomó desde el espacio. Las zonas de color azul oscuro son agua. El anillo azul alrededor de la Tierra muestra la atmósfera.

El ciclo del agua

El agua es un componente importante del estado del tiempo. El calor del Sol hace que el agua cambie de estado. Cuando el agua cambia de estado, el tiempo también lo hace. El agua puede tener tres estados: líquido, sólido y gaseoso o **vapor de agua**. La lluvia es agua en estado líquido, y la nieve y el hielo son agua en estado sólido. El vapor de agua es una leve neblina de agua en el aire. El ciclo que atraviesa el agua al cambiar de estado se conoce como el **ciclo del agua**.

Agua que cambia

El agua cambia de estado cuando el calor del Sol calienta la superficie de la Tierra y el aire que la rodea. El calor del Sol hace que parte del agua de la Tierra se convierta en vapor de agua. El viento eleva el vapor de agua a mucha altura, donde éste se enfría y forma las nubes. El agua vuelve a caer a la Tierra desde las nubes en forma de lluvia o nieve. Para ver cómo funciona el ciclo del agua, observa la ilustración de la derecha.

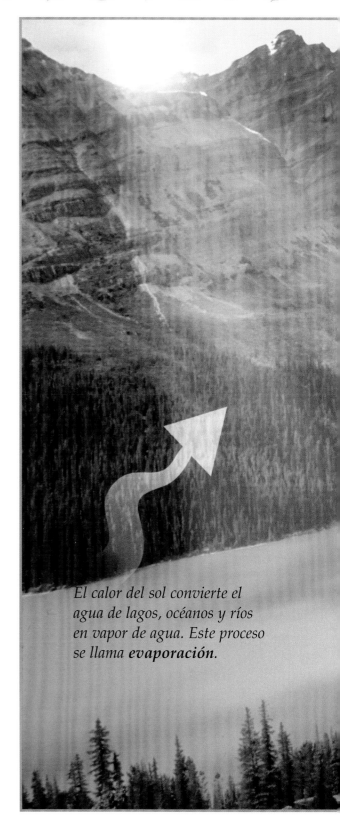

El calor del sol convierte el agua de lagos, océanos y ríos en vapor de agua. Este proceso se llama *evaporación*.

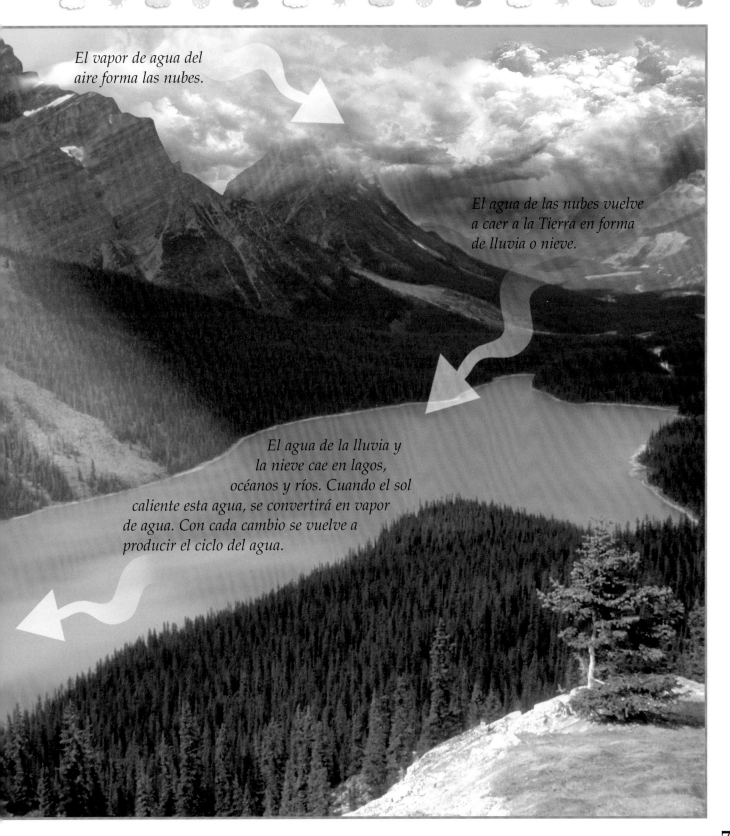

El vapor de agua del aire forma las nubes.

El agua de las nubes vuelve a caer a la Tierra en forma de lluvia o nieve.

El agua de la lluvia y la nieve cae en lagos, océanos y ríos. Cuando el sol caliente esta agua, se convertirá en vapor de agua. Con cada cambio se vuelve a producir el ciclo del agua.

¿Qué son las tormentas?

Las tormentas forman parte del estado del tiempo. Causan fuertes precipitaciones, como lluvia, nieve o granizo. También causan vientos fuertes. Hay muchas clases de tormentas. Estas páginas muestran algunas tormentas comunes en todo el mundo.

*Las **tormentas eléctricas** hacen mucho ruido. Producen **truenos** y **relámpagos.***

Los **tornados** son columnas de viento que giran rápidamente y se extienden desde las nubes hasta el suelo.

Las **ventiscas** son tormentas de invierno en las que el viento lleva mucha nieve. Es difícil ver en una ventisca.

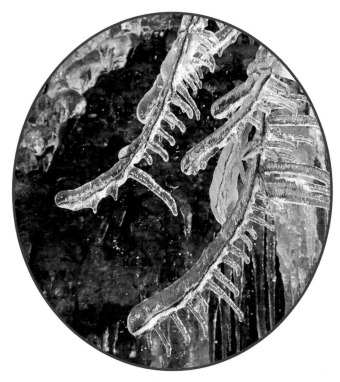

Las **tormentas de hielo** dejan gruesas capas de hielo sobre árboles, edificios y grandes superficies de tierra.

Los **huracanes** se forman sobre los océanos cálidos. Cuando llegan a tierra firme causan fuertes lluvias y vientos.

9

La capa de nubes

Antes de cada tormenta se forman nubes en el cielo. Cuando la temperatura es alta, las nubes están formadas por **gotitas de agua**. Se necesitan cientos de estas gotas de agua para formar una sola gota de lluvia. Cuando la temperatura es baja, las nubes están formadas principalmente por **cristales de hielo**. Estos cristales son gotitas de agua congeladas.

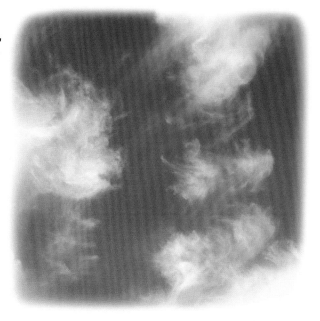

A mucha altura, la temperatura es muy baja. Las nubes que se forman allí suelen estar formadas por cristales de hielo. Este tipo de nubes son blancas y tenues, es decir, delgadas.

La temperatura suele ser más alta cerca del suelo. Las nubes que se forman en la parte baja del cielo están formadas principalmente por gotas de agua. Las nubes bajas son grises y oscuras y cubren todo el cielo.

Cómo se forman las nubes

Las nubes se comienzan a formar cuando el aire que queda cerca de la tierra se calienta con el sol y se eleva en la atmósfera. A medida que el aire sube, se enfría. En el aire frío se forman gotitas de agua. Cada gota se forma alrededor de diminutas partículas que flotan en el aire, como polvo, sal de los océanos y **polen**. Muchas de estas gotitas reunidas forman las nubes. Observa el diagrama de la derecha para ver cómo se forman las nubes.

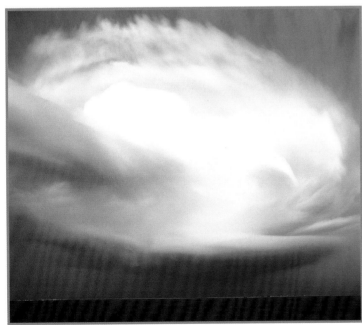

Los científicos estudian la forma y el color de las nubes para determinar qué tipo de tormenta se producirá. Las nubes de tormenta circulares y grandes suelen causar tormentas eléctricas fuertes. Las tormentas eléctricas fuertes se llaman tormentas supercelulares.

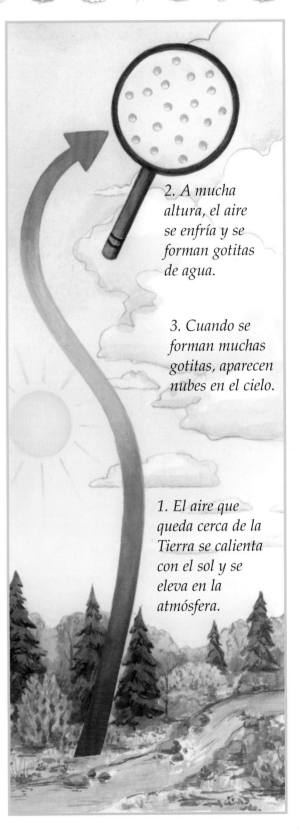

2. A mucha altura, el aire se enfría y se forman gotitas de agua.

3. Cuando se forman muchas gotitas, aparecen nubes en el cielo.

1. El aire que queda cerca de la Tierra se calienta con el sol y se eleva en la atmósfera.

La precipitación

Casi todas las tormentas causan algún tipo de precipitación. La precipitación cae desde las nubes al suelo. Puede llegar al suelo en estado sólido o líquido. A veces, la precipitación es una mezcla de estos dos estados. Este tipo de precipitación se llama **aguanieve**. Estas páginas muestran cómo se forman la lluvia y la nieve dentro de las nubes.

En las nubes hay diminutas gotas de agua.

Las gotas de agua aumentan de tamaño a medida que chocan unas con otras y se unen.

Crecen cada vez más hasta que caen del cielo en forma de lluvia.

Gotas de lluvia

Las gotas de lluvia están formadas por gotitas de agua. Se forman cuando estas gotitas, que están dentro de las nubes, chocan unas con otras. Este choque se conoce como **colisión**. En una colisión, las gotitas se unen y forman gotas más grandes. Después de muchas colisiones, las gotas tienen el tamaño de gotas de lluvia. Estas gotas son muy pesadas para permanecer en las nubes. Por lo tanto, caen al suelo. El diagrama de la izquierda muestra la colisión de las gotitas para formar gotas de lluvia.

Copos de nieve

Los copos de nieve están formados por cristales de hielo. Estos cristales son más pesados que las gotas de agua. Poco después de formarse, comienzan a caer desde las nubes. A medida que caen, los cristales de hielo se unen por colisión de unos con otros. La colisión sucede muchas veces, de modo que los cristales aumentan de tamaño cada vez. Cuando se unen muchos cristales que caen, forman un copo de nieve. Los copos de nieve pueden contener hasta 200 cristales de hielo.

Cada uno de estos copos de nieve está formado por muchos cristales de hielo, y cada cristal es distinto.

En el Polo Norte y el Polo Sur el suelo está cubierto de nieve casi todo el tiempo.

Vientos salvajes

El viento es un poderoso elemento de las tormentas. En una tormenta, el viento sopla la nieve o la lluvia con violencia. Puede destruir edificios o **arrancar** árboles. El viento se origina por el calor del sol.

Los violentos vientos de un tornado pueden destruir fácilmente casas y granjas.

Cuando los rayos del sol calientan el aire, éste se empieza a mover. El aire caliente se eleva en la atmósfera. A medida que se eleva, el aire frío se apresura a ocupar su lugar más abajo, cerca de la superficie de la Tierra. Este aire en movimiento es el viento.

La fricción

La superficie de la Tierra está cubierta de árboles, colinas, montañas y edificios. A medida que el viento se mueve sobre la Tierra, roza estas superficies. Ese roce se llama **fricción** y le quita velocidad al viento. En lugares donde la superficie de la Tierra es plana, el viento sopla con mucha más velocidad.

Los vientos fuertes que han rozado estas piedras durante muchos años les han dado forma.

Cielos eléctricos

Las tormentas eléctricas son comunes en primavera y verano. Suelen producirse por la tarde o por la noche. Pueden causar lluvias intensas, vientos fuertes, relámpagos y truenos. Algunas duran hasta dos horas, pero la mayoría dura sólo entre 15 y 30 minutos.

Nubes de tormenta

Las tormentas eléctricas comienzan con nubes oscuras y altas. Las nubes se forman por **corrientes ascendentes**, es decir, aire caliente que se eleva rápidamente. Cuando cae mucha lluvia de las nubes de tormenta, crea **corrientes descendentes**, que están formadas por aire que baja rápidamente hacia la Tierra.

El sonido y la furia

Cuando las corrientes ascendentes y descendentes de una tormenta eléctrica pasan a gran velocidad una junto a la otra en las nubes, las gotas de agua y los cristales de hielo de las nubes se mueven violentamente. Este movimiento violento hace que se acumule **electricidad** en las nubes.

Cuando se acumula mucha electricidad, se libera en forma de relámpagos. Los relámpagos son rayos enormes de electricidad, y son los que producen los truenos. El trueno es el ruido que el relámpago produce cuando va por el aire.

Cuando un relámpago cae en un árbol, suele partirlo por la mitad, como se puede ver en la foto. Cuando el árbol se parte, puede caer sobre la calle o en una casa. Un árbol al que le cae un rayo puede incendiarse.

Granizadas

Con las **granizadas**, la tierra queda cubierta de granizo. La mayoría de las granizadas se producen antes de las tormentas eléctricas. Las granizadas sólo duran unos quince minutos, pero pueden causar muchos daños en poco tiempo. Cada año, las granizadas causan lesiones a personas, matan animales, dañan autos y edificios, y destruyen **cosechas**.

*El granizo está formado por **piedras** de hielo. Las piedras pueden ser pequeñas como guisantes o grandes como una pelota de béisbol. ¡Esta piedra mide más de cuatro pulgadas (10 cm) de diámetro!*

El parabrisas de este auto se rompió porque le cayeron piedras grandes en una granizada.

¿Cómo se forma el granizo?

El granizo se forma sólo en **cumulonimbos**, que son nubes muy frías. Las piedras se forman cuando las gotas de lluvia pasan por las nubes en corrientes ascendentes y descendentes. A medida que caen, se congelan y forman diminutas bolas de hielo. Cuando llegan a la parte inferior de las nubes, las corrientes ascendentes las vuelven a elevar a la parte superior. Después, las corrientes descendentes las transportan por las nubes de nuevo y se les forma otra capa de hielo. Este viaje hacia arriba y hacia abajo se repite muchas veces. Con cada viaje, las piedras aumentan de tamaño. Finalmente, los trozos de hielo llegan a ser demasiado pesados para las corrientes ascendentes. Entonces, caen al suelo en forma de granizo.

El granizo puede caer a una velocidad de más de 100 millas por hora (161 km/h).

Tornados violentos

Los tornados son tormentas violentas que comienzan con **nubes en forma de embudo**. Las nubes en forma de embudo son columnas de aire que giran rápidamente. Bajan desde las nubes durante las tormentas eléctricas. Cuando las nubes en forma de embudo tocan el suelo, se llaman tornados. Los tornados sólo se forman durante tormentas supercelulares. Estas tormentas tienen fuertes corrientes ascendentes y causan granizo y lluvias torrenciales.

Vientos destructivos

La fuerza de un tornado se mide en una escala que va de F-0 a F-5. La escala mide la velocidad del viento del tornado. El tornado F-0 es el más débil. Tiene vientos de entre 40 y 72 millas por hora (entre 64 y 116 km/h). Estos vientos pueden romper ventanas y arrancar árboles pequeños. El tornado F-5 es el más fuerte. Tiene vientos de entre 261 y 318 millas por hora (entre 420 y 512 km/h). Estos vientos pueden destruir edificios de hormigón.

El Callejón de los Tornados

El "Callejón de los Tornados", que en inglés se llama Tornado Alley, es una zona de los Estados Unidos en la que se produce la mayor cantidad de tornados de la Tierra. Se extiende desde Texas hasta Iowa. Cada año se forman más de 1,000 tornados en esta región. La **temporada de tornados** dura desde marzo hasta agosto; esta es la época del año en que se producen la mayoría de los tornados. Sin embargo, puede haber tornados en cualquier momento del año.

La mayoría de los tornados duran unos minutos. No obstante, hasta los tornados cortos pueden causar mucho daño. Soplan con violencia sobre todo lo que encuentran a su paso. Los tornados destruyen edificios, derriban árboles y arrojan autos por el aire con facilidad. Esta fotografía muestra los daños causados por un tornado.

Ventiscas heladas

Las ventiscas son tormentas de invierno que causan fuertes nevadas, bajas temperaturas y vientos que soplan a más de 35 millas por hora (56 km/h). Estos vientos violentos soplan la nieve que cae. También levantan nieve que ya está en el suelo. La nieve se acumula en pilas enormes durante las ventiscas. Puede enterrar autos y bloquear puertas, de modo que las personas se queden encerradas en su casa o su auto.

En las ventiscas, la nieve que vuela puede dificultar la visión de los conductores. También hace que las calles se pongan resbalosas.

Frío y más frío

En una ventisca, el viento helado puede hacer que la temperatura parezca ser más baja que la real. Si una persona está al aire libre cuando este viento está soplando, su cuerpo pierde calor. Cuando eso sucede, la persona corre el riesgo de sufrir **congelación**. La congelación es una lesión en la piel causada por las bajas temperaturas. Suele producirse en la nariz, las orejas y los dedos de las manos y los pies. La foto de la derecha muestra un pie cuyos dedos han sufrido congelación.

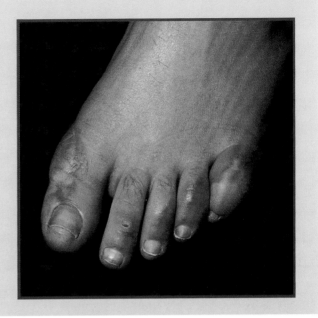

Algunos animales, como este bisonte, tienen gruesas capas de piel en el cuerpo que los protegen del viento frío de las ventiscas. La gran acumulación de nieve hace que a los animales les cueste trabajo moverse y encontrar alimento después de una ventisca.

Cubierto de hielo

Las tormentas de hielo son tormentas de invierno que dejan gruesas capas de hielo sobre grandes superficies de tierra. Estas tormentas se producen cuando cae **lluvia congelante** durante por lo menos doce horas seguidas. La lluvia congelante es lluvia que se convierte en hielo en cuanto llega al suelo. Las tormentas de hielo suelen producirse entre el final del otoño y el comienzo de la primavera. Una tormenta de hielo puede cubrir una zona de hasta 30 millas (48 km) de ancho y 300 millas (483 km) de largo.

Peso pesado

Después de una tormenta de hielo, el hielo de los árboles, los edificios y las carreteras puede causar mucho daño. Es pesado y resbaladizo. A veces puede pesar tanto que causa el derrumbe de techos y la caída de árboles. Las aceras y las calles se vuelven resbaladizas como pistas de patinaje, por lo que es difícil caminar y conducir por ellas. Cuando el hielo congela los cables eléctricos, se pueden producir **apagones**.

Este árbol quedó cubierto de hielo durante una tormenta. El peso del hielo hizo que se partiera.

escarcha transparente

Dos tipos de hielo

Durante las tormentas de hielo se pueden formar dos tipos de hielo: la **escarcha transparente** y la **escarcha blanca**. La escarcha transparente es hielo a través del cual se puede ver. Es grueso y sólido. La escarcha blanca es hielo blanco. No es tan liso y sólido como la escarcha transparente. La escarcha blanca es menos destructiva que la transparente porque es más fácil de quitar y se derrite más rápidamente.

escarcha blanca

Huracanes temibles

Esta foto fue tomada desde el espacio. Muestra un huracán que avanza hacia tierra firme.

Los huracanes son las tormentas más destructivas de la Tierra. Un huracán es una gran tormenta con vientos muy rápidos. También provoca fuertes lluvias y **oleadas** (ver página 27). Los huracanes suelen durar unos seis días. Se forman sobre océanos cálidos y causan muchos daños cuando **tocan tierra** o llegan a la costa. Se pueden producir en muchos lugares del mundo y en cada lugar pueden tener distintos nombres. Por ejemplo, en el este de Asia los llaman "ciclones".

Oleadas

Una oleada es una gran cantidad de agua del océano que es empujada a la costa por los fuertes vientos de un huracán. En tierra, las aguas rápidas causan inundaciones, como la que se puede ver a la izquierda.

Después de una oleada, la inundación puede arrastrar casas.

Los huracanes Katrina y Rita

En 2005, dos de los huracanes más poderosos de la historia de los Estados Unidos llegaron a la **costa del golfo**. El 29 de agosto, el huracán Katrina arrasó ciudades en Luisiana, Mississippi y Alabama. Más de mil personas murieron, y miles de personas quedaron aisladas durante días sin comida ni agua. La oleada destruyó los diques alrededor de Nueva Orleans (Luisiana), y dejó la mayor parte de la ciudad inundada. Unas semanas después, el huracán Rita azotó las costas de Florida, Texas y Luisiana. Este huracán también dejó miles de personas sin hogar, negocios ni escuelas.

*Los trabajadores de **FEMA** y los soldados de los EE.UU. ayudaron a rescatar a las personas que habían quedado aisladas cuando Nueva Orleans se indundó a causa del huracán Katrina.*

El estudio de las tormentas

Los científicos que estudian las tormentas y otros tipos de estados del tiempo se llaman meteorólogos. Al estudiar las tormentas, los **meteorólogos** pueden aprender cuáles son las causas y qué las hace destructivas. Si los científicos conocieran las causas, podrían advertir a las personas cuando se están formando tormentas peligrosas. Las advertencias por adelantado darían tiempo para viajar a lugares seguros.

Este científico está estudiando un huracán. Usa un instrumento para medir la velocidad del viento.

Reunir información

Los científicos tienen muchas formas de aprender sobre el estado del tiempo. Por ejemplo, en diversas partes del mundo hay **radares Doppler**, como el que ves a la izquierda. Estos radares envían señales en su zona. Algunas de esas señales rebotan y vuelven al radar después de chocar en el aire contra precipitaciones, como lluvia, nieve o granizo. Cuando las señales vuelven al radar, éste crea imágenes que se envían a computadoras enormes situadas en las estaciones meteorológicas. Allí, los científicos estudian las imágenes, como ves en la foto de abajo. Los científicos usan la radio y la televisión para advertir a las personas sobre condiciones meteorológicas peligrosas.

se avecinan problemas

Muchos científicos creen que el calentamiento del planeta está cambiando el estado del tiempo en todo el mundo. El **calentamiento del planeta** es el calentamiento de la Tierra y sus océanos. La Tierra se está calentando debido a las acciones de los seres humanos.

Se queman grandes cantidades de combustibles, como carbón, petróleo y gas, para calentar casas, hacer funcionar autos y obtener electricidad. Cuando esos combustibles se queman, crean **contaminación**, la cual atrapa calor en la atmósfera de la Tierra. El calor atrapado eleva la temperatura de la Tierra y sus océanos.

Los seres humanos talan árboles para producir papel y madera, y para despejar tierras para la agricultura. La tala de bosques empeora el calentamiento del planeta. Los árboles absorben la contaminación del aire. Sin los bosques hay menos árboles que eliminen la contaminación del aire.

Tormentas fuertes

A medida que la Tierra se calienta, las tormentas son cada vez más grandes. Las tormentas como los huracanes obtienen su fuerza de las aguas cálidas de los océanos. Los océanos más cálidos producen huracanes más poderosos y destructivos. El aumento del calor en la atmósfera también crea más tormentas supercelulares. Estas inmensas tormentas causan relámpagos y truenos violentos, además de tornados.

Hagamos algo!

Todos podemos colaborar para detener el calentamiento del planeta. Una de las mejores maneras de ayudar es **conservar** combustible. Conservar significa usar menos. Tú y tu familia pueden conservar combustible caminando, montando en bicicleta o usando el transporte público en lugar de viajar en auto. Apagar el estéreo, el televisor, la computadora y las luces son otras maneras de conservar. Además, ¡recuerda que puedes salvar árboles al no desperdiciar papel!

Montar en bicicleta con tu familia es una buena manera de contribuir a detener el calentamiento del planeta, ¡y también es divertido!

Palabras para saber

Nota: Es posible que las palabras en negrita que están definidas en el texto no aparezcan en esta página.

apagón Pérdida de la energía eléctrica en una comunidad

arrancar Derribar un árbol sacándolo de raíz

contaminación Materiales perjudiciales que ensucian la tierra, el aire y el agua

cosechas Plantas que se cultivan para que sirvan de alimento

costa del golfo Región de los Estados Unidos que limita con el golfo de México

cumulonimbos Nubes altas, oscuras y frías que pueden producir granizadas y tormentas eléctricas

dique Muro que se construye alrededor de una ciudad para evitar la entrada de agua

electricidad Una de las formas básicas de la energía

FEMA Agencia Federal de Gestión de Emergencias; organización que ayuda a las comunidades de los Estados Unidos a recuperarse de desastres

polen Polvo que se encuentra en las flores

Polo Norte Región del extremo norte de la Tierra

Polo Sur Región del extremo sur de la Tierra

pronóstico del tiempo Informe que explica cuál será el estado del tiempo en un día en particular

relámpago Rayo de electricidad que sale de las nubes

trueno Ruido que produce un relámpago al ir por el aire

Índice

Impreso en Canadá